中国工程建设标准化协会标准

公路桥涵卵石混凝土应用技术规程

Technical Specifications for Application of Pebble Concrete to Highway Bridges and Culverts

T/CECS G:U20-01—2019

主编单位：中国路桥工程有限责任公司
批准部门：中国工程建设标准化协会
实施日期：2019年11月01日

人民交通出版社股份有限公司

图书在版编目(CIP)数据

公路桥涵卵石混凝土应用技术规程：T/CECS G:U20-01—2019／中国路桥工程有限责任公司主编. — 北京：人民交通出版社股份有限公司, 2019.10
ISBN 978-7-114-15958-9

Ⅰ.①公… Ⅱ.①中… Ⅲ.①细石混凝土—公路桥—技术规范 Ⅳ.①U448.3365

中国版本图书馆CIP数据核字(2019)第250976号

标准类型：	中国工程建设标准化协会标准
标准名称：	公路桥涵卵石混凝土应用技术规程
标准编号：	T/CECS G:U20-01—2019
主编单位：	中国路桥工程有限责任公司
责任编辑：	李　沛
责任校对：	孙国靖　魏佳宁
责任印制：	张　凯
出版发行：	人民交通出版社股份有限公司
地　　址：	(100011)北京市朝阳区安定门外外馆斜街3号
网　　址：	http://www.ccpress.com.cn
销售电话：	(010)59757973
总 经 销：	人民交通出版社股份有限公司发行部
经　　销：	各地新华书店
印　　刷：	北京鑫正大印刷有限公司
开　　本：	880×1230　1/16
印　　张：	2
字　　数：	36千
版　　次：	2019年11月　第1版
印　　次：	2019年11月　第1次印刷
书　　号：	ISBN 978-7-114-15958-9
定　　价：	30.00元

(有印刷、装订质量问题的图书,由本公司负责调换)

中国工程建设标准化协会
公告

第448号

关于发布《公路桥涵卵石混凝土应用技术规程》的公告

根据中国工程建设标准化协会《关于印发〈2017年第二批工程建设协会标准制定、修订计划〉的通知》(建标协字[2017]031号)的要求,由中国路桥工程有限责任公司等单位编制的《公路桥涵卵石混凝土应用技术规程》,经本协会公路分会组织审查,现批准发布,编号为T/CECS G:U20-01—2019,自2019年11月1日起施行。

二〇一九年六月二十六日

前　言

根据中国工程建设标准化协会《关于印发〈2017年第二批工程建设协会标准制定、修订计划〉的通知》（建标协字〔2017〕031号）的要求，由中国路桥工程有限责任公司承担《公路桥涵卵石混凝土应用技术规程》（以下简称"本规程"）的制定工作。

在"可持续发展工程"和"绿色工程"的理念下，建设工程项目必须考虑当地环境保护的需求，尽量减少开山采石。对有较丰富天然卵石资源的工程项目，开发利用这些资源替代碎石作为集料配制混凝土，具有十分重要的意义和广阔的应用前景。目前，卵石混凝土在国内的应用实例较少，而在国外使用则较为普遍，且取得了良好的社会经济效益。编写组经广泛调查研究，认真总结国外实践经验，结合国内相关技术要求，并在广泛征求意见的基础上，完成了本规程的编写工作。

本规程分为7章、1篇附录，主要内容包括：1 总则、2 术语、3 基本规定、4 原材料、5 配合比设计、6 施工、7 质量检验，附录A 卵石集料的生产及质量检验。

本规程基于通用的工程建设理论及原则编制，适用于本规程提出的应用条件。对于某些特定专项应用条件，使用本规程相关条文时，应对适用性及有效性进行验证。

本规程由中国工程建设标准化协会公路分会归口管理，由中国路桥工程有限责任公司负责具体技术内容的解释，在执行过程中如有意见或建议，请函告本规程日常管理组，中国工程建设标准化协会公路分会（地址：北京市海淀区西土城路8号；邮编：100088；电话：010-62079839；传真：010-62079983；电子邮箱：shc@rioh.cn），或中国路桥工程有限责任公司（地址：北京市东城区安定门外大街丙88号；邮编：100011；传真：64285907；电子邮箱：kjb@crbc.com），以便修订时研用。

主 编 单 位：中国路桥工程有限责任公司
参 编 单 位：中交第二航务工程局有限公司
　　　　　　中交武汉港湾工程设计研究院有限公司

主　　　　编：张晓元
主要参编人员：叶成银　李志强　张国志　屠柳青　赵连志　李顺凯
　　　　　　　李长贵　黄　灿　李曼容　黑世强　邹泽西　秦明强
　　　　　　　刘可心　鞠秀颖　张朝贵　杨荣辉　康世飞　陈飞翔
　　　　　　　汪　淼　邹恩杰　肖军良　高洪岩　阮　坤

主　　　　审：赵尚传
参与审查人员：阎培渝　李春风　田克平　安明喆　周永祥　刘怡林
　　　　　　　　王成启

目次

1 总则 ·· 1
2 术语 ·· 2
3 基本规定 ·· 3
4 原材料 ··· 4
   4.1 卵石集料 ··· 4
   4.2 水泥 ··· 6
   4.3 矿物掺合料 ··· 7
   4.4 细集料 ··· 8
   4.5 外加剂 ··· 8
   4.6 水 ·· 8
5 配合比设计 ··· 9
   5.1 一般规定 ·· 9
   5.2 参数设计 ·· 10
   5.3 试配与调整 ·· 12
   5.4 试生产 ··· 12
6 施工 ·· 13
7 质量检验 ·· 16
   7.1 原材料 ··· 16
   7.2 新拌混凝土 ·· 16
   7.3 硬化混凝土 ·· 17
附录 A 卵石集料的生产及质量检验 ··· 19
   A.1 卵石料源选择 ·· 19
   A.2 卵石集料生产 ·· 19

A.3 卵石集料质量检验 …… 20

A.4 卵石集料的标志、储存和运输 …… 21

本规程用词用语说明 …… 22

引用标准名录 …… 23

1 总则

1.0.1 为促进卵石混凝土在公路桥涵工程中的应用，提高施工技术水平，保证工程质量，做到安全适用、技术先进和经济合理，制定本规程。

条文说明

现行《普通混凝土配合比设计规程》(JGJ 55)规定了碎石混凝土和卵石混凝土的配合比设计方法，除个别参数取值略有差异，两者的设计方法一致。目前，国内卵石混凝土的应用实例较少，且大多局限于桥梁下部结构和房建工程中，在预应力混凝土、高强混凝土、高抗渗性能混凝土等结构中的应用尚无先例。

在国外，卵石混凝土的应用比较普遍。ASTM C33 *Standard Specification for Concrete Aggregates*、BS EN 12620 *Aggregates for Concrete*、ACI 318 *Building Code Requirements for Structural Concrete and Commentary*、BS EN 206 *Concrete* 等规范没有对卵石作为混凝土粗集料做特殊规定，也未限定、区分不同粗集料混凝土的应用结构及场景。在实际工程中，如塞尔维亚的阿达桥(Ada Bridge)和潘切沃桥(Pancevo Bridge)等工程的上、下部结构均采用卵石混凝土修建，其中潘切沃桥(Pancevo Bridge)已服役70余年，其整体性能仍能满足使用要求。

因此，通过制定本规程来推广和规范卵石混凝土在公路桥涵工程中的应用，提高施工技术水平，保证工程质量。

1.0.2 本规程适用于公路桥涵工程中卵石混凝土的应用。

1.0.3 卵石混凝土的强度等级宜为C25～C60，当用于C60以上强度等级时应开展专项试验研究。

1.0.4 公路桥涵工程中卵石混凝土的应用除应符合本规程的规定外，尚应符合国家现行有关标准的强制性规定。

2 术语

2.0.1 卵石 pebble
由长期自然风化、水流作用形成的,粒径大于4.75mm的岩石颗粒。

2.0.2 卵石混凝土 pebble concrete
以天然卵石或破碎面小于70%的碎卵石为主要粗集料(卵石比例50%以上)配制的混凝土。

2.0.3 针、片状颗粒 elongated or flat particle
卵石颗粒的长度大于该颗粒所属粒级的平均粒径2.4倍者为针状颗粒;卵石颗粒的厚度小于平均粒径0.4倍者为片状颗粒。

2.0.4 压碎值 crushing value
按规定方法测得的卵石抵抗压碎的能力,以压碎试验后小于规定粒径的卵石质量百分率表示。

2.0.5 坚固性 soundness
卵石在自然风化和其他外界物理因素作用下抵抗破坏的能力。

2.0.6 碱-集料反应 alkali-aggregate reaction
混凝土组成物及环境中的碱与集料中碱活性矿物在潮湿环境下发生的化学反应。反应产物吸水膨胀,导致混凝土开裂破坏。

2.0.7 碱活性集料 alkali-reactive aggregate
能与水泥或混凝土中的碱发生化学反应的集料。

3 基本规定

3.0.1 卵石混凝土可用于桩基、承台、墩台、梁等钢筋混凝土或预应力混凝土结构和构件。

条文说明

塞尔维亚贝尔格莱德跨越多瑙河的泽蒙-博尔察大桥为预应力混凝土连续梁桥,其钻孔桩、承台、墩身、箱梁混凝土强度等级分别为 C30、C30、C40 和 C50,全部采用卵石混凝土,其力学性能、长期变形性能及耐久性等各项参数均满足设计要求。该大桥已于 2014 年 12 月 18 日正式通车。自通车以来,该桥运行状况良好,大大改善了当地的交通状况。

3.0.2 在结构设计中,卵石混凝土的轴心抗压强度、轴心抗拉强度、弹性模量、收缩、徐变等参数的取值及计算方法应符合现行《公路钢筋混凝土及预应力混凝土桥涵设计规范》(JTG 3362)的规定。

条文说明

试验数据表明:相同强度等级情况下,卵石混凝土轴心抗压强度与碎石混凝土较为接近,轴心抗拉强度、弹性模量、收缩、徐变略低于碎石混凝土,但基本无明显影响。以强度等级 C50 为例,卵石混凝土不同龄期的抗折强度、轴心抗压强度和弹性模量均低于碎石混凝土,其中 28d 抗折强度降低 14.9%、28d 轴心抗压强度降低 17.8%、28d 弹性模量降低 10.2%,均可满足现行《公路钢筋混凝土及预应力混凝土桥涵设计规范》(JTG 3362)规定的各强度等级混凝土的轴心抗压强度、轴心抗拉强度和弹性模量的要求,即满足结构设计要求。

3.0.3 在卵石混凝土配合比设计中,应综合考虑混凝土的工作性、力学性能、耐久性和长期性能等指标,做到经济合理、安全适用。

3.0.4 卵石混凝土在正式生产前,应进行试生产,以验证配合比的工作性及力学性能,满足要求后方可使用。

3.0.5 必要时,卵石混凝土在正式浇筑施工前还应开展模型试验,验证施工工艺。

4 原材料

4.1 卵石集料

4.1.1 卵石集料的生产及质量检验应符合本规程附录 A 的规定。

4.1.2 卵石集料可按技术要求分为Ⅰ类、Ⅱ类和Ⅲ类。

4.1.3 卵石集料的颗粒级配应满足表 4.1.3 的要求,使用时宜采用两个或多个单粒级复配。

表 4.1.3 卵石集料颗粒级配

公称粒级(mm)	方孔筛(mm)											
	2.36	4.75	9.50	16.0	19.0	26.5	31.5	37.5	53.0	63.0	75.0	90.0
	累计筛余(%)											
连续粒级 5~16	95~100	85~100	30~60	0~10	0							
连续粒级 5~20	95~100	90~100	40~80	—	0~10	0						
连续粒级 5~25	95~100	90~100	—	30~70	—	0~5	0					
连续粒级 5~31.5	95~100	90~100	70~90	—	15~45	—	0~5	0				
连续粒级 5~40	—	95~100	70~90	—	30~65	—	—	0~5	0			
单粒级 5~10	95~100	80~100	0~15	0								
单粒级 10~16		95~100	80~100	0~15								
单粒级 10~20		95~100	85~100	—	0~15	0						
单粒级 16~25			95~100	55~70	25~40	0~10						
单粒级 16~31.5		95~100		85~100			0~10	0				
单粒级 20~40			95~100		80~100			0~10	0			
单粒级 40~80					95~100			70~100		30~60	0~10	0

4.1.4 卵石集料的含泥量和泥块含量应满足表 4.1.4 的要求。

表 4.1.4 卵石集料含泥量和泥块含量限值

类别	Ⅰ类	Ⅱ类	Ⅲ类
含泥量(按质量计,%)	≤0.5	≤1.0	≤1.5
泥块含量(按质量计,%)	0	≤0.2	≤0.5

4.1.5 卵石集料的针、片状颗粒含量应满足表4.1.5的要求。

表4.1.5 卵石集料针、片状颗粒含量

类别	Ⅰ类	Ⅱ类	Ⅲ类
针、片状颗粒含量（按质量计,%）	≤5	≤10	≤15

4.1.6 卵石集料的有害物质限量应满足表4.1.6的要求。当卵石集料中含有颗粒状硫酸盐或硫化物杂质时，应进行专门检验，确认能满足混凝土耐久性要求后，方可采用。

表4.1.6 卵石集料有害物质限量

类别	Ⅰ类	Ⅱ类	Ⅲ类
有机物	合格		
硫化物及硫酸盐（按SO_3质量计,%）	≤0.5	≤1.0	≤1.0

条文说明

根据BS EN 12620 *Aggregates for Concrete* 的规定，当集料中含有硫铁矿时，集料中总的硫含量不得超过0.1%。

4.1.7 卵石集料的坚固性应满足表4.1.7的要求。

表4.1.7 卵石集料坚固性指标

类别	Ⅰ类	Ⅱ类	Ⅲ类
质量损失(%)	≤5	≤8	≤12

4.1.8 卵石集料的压碎值应满足表4.1.8的要求。

表4.1.8 卵石集料压碎值

类别	Ⅰ类	Ⅱ类	Ⅲ类
压碎值(%)	≤12	≤14	≤16

4.1.9 卵石集料的表观密度不应小于2 600kg/m³，空隙率应满足表4.1.9的要求。

表4.1.9 卵石集料空隙率

类别	Ⅰ类	Ⅱ类	Ⅲ类
空隙率(%)	≤43	≤45	≤47

4.1.10 卵石集料的吸水率应满足表 4.1.10 的要求。

表 4.1.10 卵石集料吸水率

类别	Ⅰ类	Ⅱ类	Ⅲ类
吸水率(%)	≤1.0	≤2.0	≤2.0

4.1.11 卵石集料中的氯离子含量应满足下列要求：
1 对于钢筋混凝土，按干燥卵石的质量百分率计，不得大于 0.02%。
2 对于预应力混凝土，按干燥卵石的质量百分率计，不得大于 0.01%。

条文说明

国家现行标准中未规定粗集料的氯离子含量限值，为防止近海地区使用卵石导致的混凝土氯离子含量超标，本条对卵石集料中的氯离子含量进行了限定。

4.1.12 卵石集料的碱活性试验方法应按现行《公路工程集料试验规程》(JTG E42)的规定执行。当卵石集料具有碱活性时，应采取必要的抑制措施。

4.2 水泥

4.2.1 宜采用硅酸盐水泥或普通硅酸盐水泥，其技术指标应符合现行《通用硅酸盐水泥》(GB 175)的规定。

条文说明

硅酸盐水泥或普通硅酸盐水泥之外的通用硅酸盐水泥内掺混合材比例较高，掺入的混合材品种、掺量难以获知，品质良莠不齐。相比之下，采用硅酸盐水泥或普通硅酸盐水泥并掺加优质的矿物掺合料配制卵石混凝土，质量更易得到保障。

4.2.2 当卵石集料具有潜在碱活性时，宜选用碱含量(按 Na_2O 当量计)不大于 0.60% 的水泥。

条文说明

混凝土碱-集料反应的重要条件之一是混凝土中有较高的碱含量，引起混凝土碱-集料反应的有效碱主要来自水泥，因此，采用低碱水泥是预防混凝土碱-集料反应的重要技术措施。

4.2.3 水泥比表面积不宜大于 350 m^2/kg。

条文说明

水泥细度过高,会使水泥的水化速率加快、水化放热集中、增大水泥浆体的自收缩,导致混凝土早期开裂危险性增大。提高水泥细度还会增加水泥的需水量,对混凝土强度的后期发展和耐久性造成不利影响。因此,本条对水泥比表面积的最大值进行了限制。

4.3 矿物掺合料

4.3.1 矿物掺合料可采用粉煤灰、粒化高炉矿渣粉、硅灰、天然火山灰等材料,当采用其他矿物掺合料时,应经专项试验验证,确保符合相关技术规范或使用要求后,方可使用。使用时应保证其产品质量均匀稳定。

条文说明

卵石混凝土中掺入适量的矿物掺合料,可改善混凝土的工作性和耐久性。目前常用的品种有粉煤灰、粒化高炉矿渣粉、硅灰、天然火山灰等材料。

4.3.2 宜选用Ⅰ级、Ⅱ级粉煤灰,不宜使用磨细灰,其技术指标应符合现行《用于水泥和混凝土中的粉煤灰》(GB/T 1596)的规定。

条文说明

选用等级较高的粉煤灰,可明显改善混凝土的性能,获得较好的社会经济效益。随着科技的发展和进步,新建的大型火力发电厂燃煤条件好,多数采用静电收尘装置,粉煤灰的分选设施较先进,一般均具有生产Ⅰ级或Ⅱ级粉煤灰的条件,因而提出宜选用Ⅱ级及以上粉煤灰。国内市场上的磨细灰品质良莠不齐,质量难以控制,不宜用于重要混凝土结构中。

4.3.3 粒化高炉矿渣粉的技术指标应符合现行《用于水泥、砂浆和混凝土中的粒化高炉矿渣粉》(GB/T 18046)的规定。

4.3.4 硅灰的技术指标应符合现行《砂浆和混凝土用硅灰》(GB/T 27690)的规定。

4.3.5 天然火山灰质材料的技术指标应符合现行《公路工程 水泥混凝土用天然火山灰质材料》(JT/T 993)的规定。

4.3.6 使用两种或两种以上的掺合料复合而成的矿物掺合料时,其技术指标应符合现行《混凝土用复合掺合料》(JG/T 486)的规定。

4.4 细集料

4.4.1 细集料的技术指标应符合现行《公路桥涵施工技术规范》(JTG/T F50)的规定。

4.4.2 细集料宜选用级配良好、质地坚硬、吸水率低、空隙率小、细度模数适当的洁净天然河砂,或符合要求的机制砂及混合砂。

4.5 外加剂

4.5.1 外加剂的技术指标应符合现行《混凝土外加剂》(GB 8076)的规定。

4.5.2 外加剂与水泥、矿物掺合料应具有良好的适应性。

4.5.3 外加剂的品种和掺量应根据混凝土配合比设计要求,通过试验确定。

4.6 水

4.6.1 水的技术指标应符合现行《公路桥涵施工技术规范》(JTG/T F50)的规定。

4.6.2 混凝土用水中不应漂浮明显的油脂和泡沫,且不应有明显的颜色和异味;严禁将海水用于结构混凝土的拌制和养护。

5 配合比设计

5.1 一般规定

5.1.1 卵石混凝土的配制宜根据混凝土强度等级按表5.1.1选择适宜类别的卵石集料。

表5.1.1 混凝土强度与卵石集料类别

序 号	混凝土强度等级	卵石集料类别
1	≥C60	Ⅰ类
2	C30～C55	Ⅰ、Ⅱ类
3	<C30	Ⅰ、Ⅱ、Ⅲ类

5.1.2 卵石混凝土配合比设计应按现行《普通混凝土配合比设计规程》(JGJ 55)的规定执行,其耐久性指标应符合设计要求或现行《公路工程混凝土结构防腐蚀技术规范》(JTG/T B07-01)的规定。

5.1.3 配制相同强度等级的混凝土时,与碎石混凝土相比,卵石混凝土的水胶比和砂率应进行调整。

条文说明

卵石颗粒表面光滑的特性,一方面使卵石与胶凝材料水化产物之间的物理交接较碎石弱,另一方面卵石集料颗粒之间摩擦减小,混凝土的工作性较碎石混凝土有一定改善。大量试验数据表明,为配制相同强度等级的混凝土,卵石混凝土与碎石混凝土相比,水胶比应略微减小,降低幅度约为0.04~0.06。

选定水胶比和胶凝材料用量后,砂率决定了混凝土拌合物的工作性。与表面光圆的卵石颗粒相比,表面粗糙、多棱角的碎石需要较多的砂浆包裹粗集料来制备工作性良好的混凝土。因此,相较于碎石混凝土,卵石混凝土的砂率应略微降低,根据本规程编制组经验,降低幅度约为2%~4%。

5.1.4 卵石混凝土配合比应经过试配、调整、试生产,满足要求后方可生产使用。

5.2 参数设计

5.2.1 配制强度应根据混凝土设计强度等级、生产施工水平的差异,按照现行《普通混凝土配合比设计规程》(JGJ 55)的规定经计算确定;对于抗裂性能要求高的大体积卵石混凝土结构,其试配强度最大值不宜大于设计强度等级值的 1.5 倍。

条文说明

《普通混凝土配合比设计规程》(JGJ 55—2011)未规定混凝土配制强度的上限值,在实际施工过程中,为确保实体结构混凝土强度验收合格,大多通过增加胶凝材料用量的方法,导致强度富余量过高。这不仅会造成胶凝材料的浪费,更会使水化热增加,增大混凝土的开裂风险。因此,本条规定混凝土试配强度不宜超出设计强度等级值的 50%,如设计强度等级为 C30 的混凝土,其试配强度不宜超过 45MPa。

5.2.2 大体积卵石混凝土的配合比设计与评定宜采用 60d 龄期强度进行控制。

条文说明

为避免出现温度裂缝,在保证混凝土强度满足要求的前提下,大体积卵石混凝土采用 60d 龄期强度进行配合比设计和验收评定,可以减少混凝土中的水泥用量,提高掺合料的用量,以降低大体积卵石混凝土的绝热温升。

5.2.3 卵石混凝土的最大水胶比和单方混凝土的胶凝材料用量宜满足表 5.2.3 的要求,在保证强度的前提下宜适当减少胶凝材料中的水泥用量。当有特殊要求时,应根据试验确定。

表 5.2.3 卵石混凝土最大水胶比及胶凝材料用量范围

强度等级	最小胶凝材料用量 (kg/m³)	最大胶凝材料用量 (kg/m³)	最大水胶比
C25	275	400	0.55
C30	280	400	0.55
C35	300	400	0.50
C40	320	450	0.45
C45	340	450	0.40
C50	360	450	0.36
C55	380	500	0.32
C60	400	500	0.30

注:大掺量矿物掺合料混凝土的水胶比不宜大于 0.42。

条文说明

孔隙中的游离水会给混凝土的耐久性带来不利影响,限制混凝土的最大水胶比可以控制混凝土中游离水量,从而有效地改善其抗渗性、抗冻性等耐久性指标。

为保证拌合物的良好工作性,需限制胶凝材料的最小用量。此外,当胶凝材料用量过大时,过高的水化热会增加混凝土开裂的可能性。因此,胶凝材料的用量应适宜。

5.2.4 卵石混凝土中宜掺加优质粉煤灰、粒化高炉矿渣粉或硅灰等矿物掺合料,其掺量应根据混凝土的性能要求通过试验确定,且宜满足下列要求:

1 粉煤灰的最大掺量宜不超过胶凝材料总量的50%,当混凝土结构处于化学腐蚀环境时,混凝土中的粉煤灰掺量宜不少于胶凝材料总量的20%;当掺量超过30%时,水胶比不宜大于0.42。

2 混凝土中粒化高炉矿渣粉的最大掺量宜不超过胶凝材料总量的80%。

3 当混凝土中单独掺加硅灰时,其掺量不宜大于胶凝材料总量的10%;当硅灰与粉煤灰或粒化高炉矿渣粉复合掺加时,其掺量宜为胶凝材料总量的3%~5%。

条文说明

大量研究表明,为有效改善混凝土的抗化学侵蚀性能(如氯化物侵蚀、碱-集料反应、硫酸盐侵蚀),粉煤灰的掺量应在20%以上;细颗粒多,玻璃微珠含量高的优质粉煤灰的最大掺量甚至可达50%。粒化高炉矿渣粉的活性与火山灰质材料不同,其自身具有水硬性,且矿渣粉磨越细,活性越高。因此,粒化高炉矿渣粉用于配制混凝土时,其最大掺量可达胶凝材料总量的80%。硅灰的掺入可明显提高混凝土早期强度和抗化学腐蚀性,但硅灰也会增加混凝土需水量,降低拌合物的工作性,增大混凝土自收缩。因此,硅灰一般与其他矿物掺合料复合使用;当硅灰单掺时,其掺量应控制在胶凝材料总量的10%以内。

5.2.5 卵石混凝土中最大水溶性氯离子含量应符合现行《公路桥涵施工技术规范》(JTG/T F50)的规定,混凝土拌合物中水溶性氯离子含量检测方法应按现行《混凝土中氯离子含量检测技术规程》(JGJ/T 322)的规定执行。

5.2.6 卵石混凝土的总碱含量不宜大于3.0kg/m³。混凝土碱含量计算方法应按现行《预防混凝土碱骨料反应技术规范》(GB/T 50733)的规定执行。

条文说明

控制混凝土碱含量是预防混凝土碱-集料反应的关键环节之一。德国和英国的研究表明,如果混凝土中的有效碱含量低于3.0kg/m³,就可有效避免碱-集料反应的发生。

5.3 试配与调整

5.3.1 卵石混凝土配合比的试配、调整与确定应符合现行《普通混凝土配合比设计规程》(JGJ 55)的规定。

5.3.2 在配合比试拌的基础上,卵石混凝土配合比应按现行《普通混凝土配合比设计规程》(JGJ 55)的规定进行强度试验,并进行配合比调整和校正。

5.3.3 校正后的卵石混凝土试拌配合比,应在满足混凝土拌合物性能要求和混凝土试配强度的基础上,对设计提出的混凝土耐久性项目或现行《公路钢筋混凝土及预应力混凝土桥涵设计规范》(JTG 3362)所规定的项目进行检验和评定,符合要求的配合比确定为试验室配合比。

5.4 试生产

5.4.1 试生产混凝土的工作性及力学性能满足使用要求后,方可确定为生产配合比。

5.4.2 试生产混凝土的工作性或力学性能不满足施工要求时,应在排除影响配合比的相关因素后,再次进行对比验证。如结果仍不能满足要求,则应重新设计配合比。

6 施工

6.0.1 各种原材料必须分仓储存,并应有明显的标识。

6.0.2 卵石集料应分仓单粒级储存,并应将不同产地、品种的集料分别储存,避免混杂和污染。

6.0.3 施工前应制订卵石混凝土施工技术方案,并应做好各项准备工作。

6.0.4 原材料计量过程中应根据卵石集料、细集料的含水率变化及时调整水和卵石集料、细集料的称量。

6.0.5 卵石混凝土应搅拌均匀,同一盘混凝土的搅拌匀质性应符合现行《混凝土质量控制标准》(GB 50164)的规定。

6.0.6 卵石混凝土拌合物的运输和浇筑过程中严禁往拌合物中加水。

条文说明

生产施工过程中向混凝土拌合物中加水会严重影响混凝土的力学性能和耐久性,对混凝土工程质量危害极大,应严格禁止。

6.0.7 热期施工时,拌合物入模温度不宜高于30℃;冬期施工时,拌合物入模温度不应低于5℃,并应有保温措施。

条文说明

降低拌合物入模温度可以降低混凝土内部温升,减小内表温差,预防混凝土裂缝。降低入模温度的方法有集料冷却、降低水泥温度、加冰或冷水拌和、液氮冷却等措施。而在寒冷的天气,混凝土低温浇筑养护会降低强度的发展速率。提高拌合物温度的常用方法有加热水拌和、加强保温等。

6.0.8 冬期施工的混凝土,应注意避免混凝土内外温差过大。卵石混凝土受冻前的抗压强度不应低于3.5MPa。

条文说明

冬期施工时,应对混凝土结构采取保温措施,以避免混凝土温度裂缝的产生。提高受冻前的强度对卵石混凝土强度发展是有益的。ACI 306R *Cold Weather Concreting* 规定,3.5MPa 是混凝土受冻前必须达到的最低抗压强度。

6.0.9 浇筑大体积卵石混凝土时,应采取适当的温控措施,并应符合现行《大体积混凝土施工标准》(GB 50496)的规定。

6.0.10 混凝土应按一定的厚度、顺序和方向分层浇筑,且应在下层混凝土初凝前浇筑完上层混凝土。上、下层同时浇筑时,上层与下层的前后浇筑距离应保持在 1.5m 以上。在倾斜面上浇筑混凝土时,应从低处开始逐层扩展升高,并保持水平分层。

条文说明

卵石混凝土结构通常采用分层浇筑,分层厚度不宜过大,层间浇筑间隔时间不宜过长,以保证每层混凝土的浇筑质量和整体结构的匀质性。

6.0.11 卵石混凝土可采用插入式振捣棒捣实,插入点间距不应大于振捣棒振动作用半径。采用高频振捣器振捣时,每点振捣时间宜为 15~20s。当振至混凝土拌合物表面出现泛浆、基本无气泡逸出时即可视为捣实,不得过振。

条文说明

一般结构混凝土通常采用插入式振捣棒进行振捣,较薄的平面结构可采用平板振捣器进行表面振捣,竖向薄壁且配筋较密的结构或构件可采用附壁振动器进行附壁振动。当采用干硬性混凝土成型混凝土制品时,可采用振动台或表面加压振动。振捣(动)时间要根据混凝土工作性和振捣方式确定,避免混凝土密实度不够或分层。卵石混凝土宜振性稍优于碎石混凝土,在振捣过程中,卵石集料容易下沉,所以振捣时间较碎石混凝土应适当缩短。

6.0.12 混凝土浇筑完成后,应尽快予以覆盖并保湿养护。混凝土的保湿养护时间应符合下列规定:普通混凝土潮湿养护时间不得少于 10d;大体积混凝土潮湿养护时间不得少于 15d;有抗冻要求的混凝土潮湿养护后,宜在空气中干燥碳化 7~14d;对于大掺量粉煤灰或粒化高炉矿渣粉混凝土,潮湿养护时间不宜少于 21d。

条文说明

合理的养护对混凝土至关重要。为了减少混凝土的早期自收缩,保证混凝土形成密实的微结构,充分的潮湿养护过程至关重要。混凝土的早期强度发展在一定程度上反映了水泥水化的程度,所以可将养护结束时的强度作为养护期限的控制指标之一。经试验研究和工程经验证明,对有抗冻要求的混凝土,按规定进行潮湿养护后,在空气中干燥碳化7~14d,混凝土的抗冻融循环次数可提高20%~30%。

6.0.13 在干燥环境、大风速条件下施工混凝土时,应采取适当措施防止混凝土表面水分过快散失。

条文说明

干燥或大风环境会使混凝土表面过快失水,从而导致混凝土的表面出现裂纹,严重者会产生裂缝,故规定应采取必要的措施予以防止。

6.0.14 新浇筑的混凝土与流动的地表水或地下水接触时,应采取防水措施,保证混凝土在7d之内不受水的直接冲刷。当环境水具有侵蚀作用时,应保证混凝土在养护期内不与侵蚀性物质接触。

条文说明

在达到一定强度、形成密实的微结构之前,环境水会导致混凝土的溶蚀,使混凝土的微结构劣化,进而影响混凝土的性能。当水中含有硫酸盐、氯盐等侵蚀性介质时,还会导致钙矾石和石膏等膨胀性产物的生成或钢筋锈蚀等后果。

7 质量检验

7.1 原材料

7.1.1 原材料进场时,应按规定的批次验收型式检验报告、出厂检验报告和合格证书、说明书等质量证明文件,外加剂产品还应具有使用说明书。

7.1.2 原材料进场时应进行检验,检验样品应随机抽取。

7.1.3 卵石集料的取样、试样数量、试样处理应按现行《公路工程集料试验规程》(JTG E42)的规定执行。

7.1.4 连续供应同厂家、类别、规格和批次的卵石集料,每400m^3(或600t)为一个检验批;不同批次或非连续供应的不足一个检验批量的卵石集料,应按一个检验批计。

7.1.5 除卵石外的其他原材料的质量检验方法应按现行《公路桥涵施工技术规范》(JTG F50)的规定执行。

7.1.6 卵石集料及其他原材料的质量检验结果应符合本规程第4章的规定。

7.2 新拌混凝土

7.2.1 在生产施工过程中,应在搅拌地点和浇筑地点分别对卵石混凝土拌合物进行抽样检验。

条文说明
　　卵石混凝土拌合物的性能检验应在搅拌地点和浇筑地点分别进行。搅拌地点检验为控制性自检,浇筑地点检验为验收检验。凝结时间检验可只在搅拌地点进行。

7.2.2 混凝土拌合物的性能检验指标宜包括坍落度、扩展度、1h坍落度损失、黏聚性、保水性、重度和含气量等,应根据设计要求选取相应指标检验。

7.2.3 混凝土拌合物的检验频率应符合下列规定：
1 检验频率应为每一个工作班至少检验两次。
2 每拌制 100 盘且不超过 100m³ 时，取样不得少于一次。
3 每工作班拌制不足 100 盘时，取样不得少于一次。
4 每次连续浇筑超过 1 000m³ 时，每增加 200m³ 取样不得少于一次。

7.2.4 同一工程、同一配合比、采用同一批次水泥和外加剂的混凝土凝结时间应至少检验一次。

7.2.5 同一工程、同一配合比的混凝土拌合物水溶性氯离子含量应至少检验一次。

7.3 硬化混凝土

7.3.1 卵石混凝土强度检验宜以抗压强度为主，并应以 150mm 立方体试件、标准养护条件下的抗压强度为标准。当设计另有要求时，应以设计要求为准。

7.3.2 不同强度等级及不同配合比的混凝土应在浇筑地点或拌和地点分别随机制取试件，试件制取组数应符合下列规定：
1 浇筑一般体积的结构物(如基础、墩台等)时，每一单元结构物应制取 2 组。
2 浇筑连续大体积结构时，每 80~200m³ 或每一工作班应制取 2 组。
3 上部结构，主要构件长 16m 以下应制取 1 组，16~30m 制取 2 组，31~50m 制取 3 组，50m 以上者不少于 5 组。小型构件每批或每一工作班至少应制取 2 组。
4 每根钻孔桩至少应制取 2 组；桩长 20m 以上者不少于 3 组；桩径大、浇筑时间很长时，不少于 4 组。如换工作班时，每工作班应制取 2 组。
5 构筑物(小桥涵、挡土墙)每座、每处或每工作班制取不少于 2 组。当原材料和配合比相同、并由同一拌和站拌制时，可几座或几处合并制取 2 组。

7.3.3 试件的留置、制作、养护和试验应符合现行《普通混凝土力学性能试验方法标准》(GB/T 50081)的规定。

7.3.4 对于预应力混凝土结构或构件还应现场留置试件进行同条件养护，测试混凝土弹性模量、收缩和徐变等技术指标，为预应力张拉提供依据。

7.3.5 卵石混凝土强度的检验评定应符合现行《公路工程质量检验评定标准 第一册 土建工程》(JTG F80/1)的规定。

7.3.6 当对混凝土的长期性能和耐久性有要求时,其检验指标应符合设计要求;当设计无要求时,应符合现行《公路工程混凝土结构防腐蚀技术规范》(JTG/T B07-01)的规定。

附录 A 卵石集料的生产及质量检验

A.1 卵石料源选择

A.1.1 宜选用表面洁净、质地坚硬、发育良好、无明显片理结构的河卵石作为卵石集料；当使用其他种类卵石时，应经试验验证后方可使用。

A.1.2 料源的放射性应符合现行《建筑材料放射性核素限量》(GB 6566)的规定。

A.2 卵石集料生产

A.2.1 卵石集料的生产工艺包括干法生产和湿法生产，生产过程中应综合考虑废水、粉尘、固体废弃物的收集、处理及综合利用，以符合国家有关环保标准规定。

A.2.2 采用干法生产工艺时，天然卵石的生产过程应包括投料、筛分、除尘等环节。筛分出的超粒径颗粒，经破碎、筛分、除尘，用于生产碎卵石集料。卵石集料干法生产工艺流程如图 A.2.2 所示。

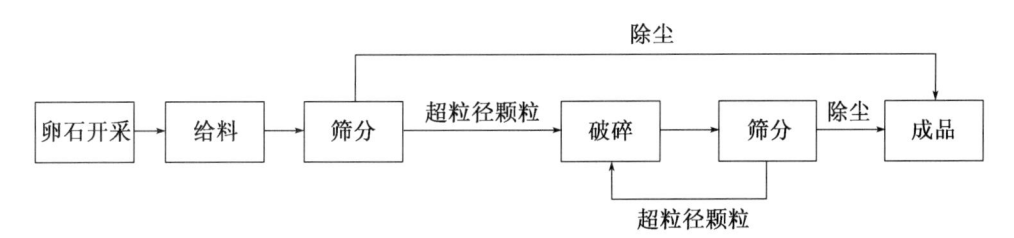

图 A.2.2 卵石集料干法生产工艺流程图

A.2.3 采用湿法生产工艺时，天然卵石中筛分出的超粒径颗粒经破碎、筛分、水洗、污水处理、堆放脱水等环节，生产碎卵石集料。卵石集料湿法生产工艺流程如图 A.2.3 所示。

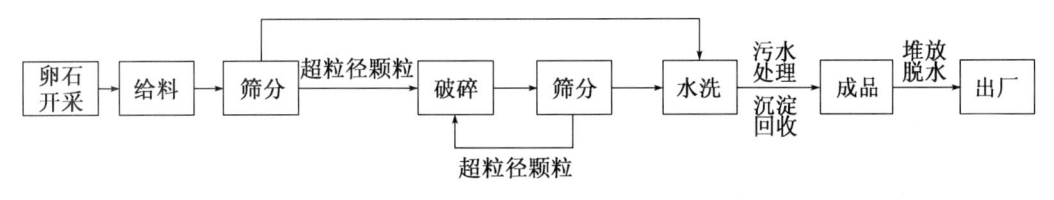

图 A.2.3 卵石集料湿法生产工艺流程图

A.2.4 卵石的破碎一般采用颚式破碎机、圆锥式破碎机和反击式破碎机,不宜采用锤式破碎机进行破碎。

A.2.5 碎卵石中含泥量应根据工艺特点选择相应除粉工艺进行控制。

A.2.6 生产碎卵石的设备应进行定期检查和维护,及时更换破碎机内衬板,尤其应对振动筛的破损尺寸进行严格的监控,当筛网尺寸经磨损不合要求时应及时更换。

A.3 卵石集料质量检验

A.3.1 检验分为出厂检验和型式检验。出厂检验和型式检验项目、试验方法应按表 A.3.1 执行。

表 A.3.1 卵石集料型式检验与出厂检验项目与试验方法

序号	技术指标	型式检验	出厂检验	试验方法
1	颗粒级配	√	√	JTG E42
2	含泥量、泥块含量	√	√	JTG E42
3	针、片状含量	√	√	JTG E42
4	有害物质含量	√	×	GB/T 14685
5	坚固性	√	×	JTG E42
6	压碎指标	√	√	JTG E42
7	表观密度	√	×	JTG E42
8	吸水率	√	×	JTG E42
9	氯离子含量	√	×	JTS/T 236
10	碱活性	√	×	JTG E42

A.3.2 卵石集料每批产品出厂时应附有出厂检验报告,出厂检验应按同一规格、同一级别进行检验。出厂检验项目包括:颗粒级配,含泥量,泥块含量,针、片状颗粒含量,压碎值。

A.3.3 型式检验项目包括本规程第 4.1.3 ~ 4.1.12 条规定的所有技术要求项目,有下列情况之一时,应进行型式检验:
1 新产品投产。
2 原材料产源或生产工艺发生变化。
3 正常生产,每年一次。
4 停产半年以上,恢复生产时。

A.3.4 卵石集料的检验按同分类、规格、类别、适用等级及日产量进行，日产量2 000t以下的，应以600t为一批，不足600t亦视为一批；日产量2 000t以上的，应以1 000t为一批，不足1 000t亦视为一批；日产量5 000t以上的，应以2 000t为一批，不足2 000t亦视为一批。若卵石料源有所改变或对质量怀疑时也应进行检验。

A.3.5 卵石集料技术指标合格性判定应符合下列要求：
　　1　检验（含复检）后各项性能指标均符合本规程的相应规定时，可判定该批次产品合格。
　　2　检验中若有一项技术指标不符合本规程的相应规定时，则应从同一批产品中加倍取样，对该项进行复检。复检后，若试验结果符合本规程的规定，可判定该批次产品合格；若复检后仍不符合本规程的规定，则判定该批次产品不合格。若有两项及以上试验结果不符合本规程的相应规定，则判定该批次产品不合格。

A.4　卵石集料的标志、储存和运输

A.4.1　卵石集料出厂时，供需双方在厂内验收产品，生产厂应提供产品质量合格证书或检验证明，其内容宜包括：
　　1　分类、类别、公称粒级和生产厂家信息。
　　2　批量编号及供货数量。
　　3　出厂检验结果、日期及执行标准号。

A.4.2　卵石集料应按品种、类别、公称粒级分别堆放和运输，防止人为碾压及污染产品。

A.4.3　运输时，应有必要的防遗撒设施，严禁污染环境。

本规程用词用语说明

1 本规程执行严格程度的用词,采用下列写法:
1)表示很严格,非这样做不可的用词,正面词采用"必须",反面词采用"严禁";
2)表示严格,在正常情况下均应这样做的用词,正面词采用"应",反面词采用"不应"或"不得";
3)表示允许稍有选择,在条件许可时首先应这样做的用词,正面词采用"宜",反面词采用"不宜";
4)表示有选择,在一定条件下可以这样做的用词,采用"可"。

2 引用标准的用语采用下列写法:
1)在标准总则中表述与相关标准的关系时,采用"除应符合本规程的规定外,尚应符合国家和行业现行有关标准的规定";
2)在标准条文及其他规定中,当引用的标准为国家标准和行业标准时,表述为"应符合《××××××》(×××)的有关规定";
3)当引用标准中的其他规定时,表述为"应符合本规程第×章的有关规定""应符合本规程第×.×节的有关规定""应符合本规程第×.×.×条的有关规定"或"应按本规程第×.×.×条的有关规定执行"。

引用标准名录

《通用硅酸盐水泥》(GB 175)
《用于水泥和混凝土中的粉煤灰》(GB/T 1596)
《建筑材料放射性核素限量》(GB 6566)
《混凝土外加剂》(GB 8076)
《建设用卵石、碎石》(GB/T 14685)
《用于水泥、砂浆和混凝土中的粒化高炉矿渣粉》(GB/T 18046)
《砂浆和混凝土用硅灰》(GB/T 27690)
《普通混凝土拌合物性能试验方法标准》(GB/T 50080)
《普通混凝土力学性能试验方法标准》(GB/T 50081)
《普通混凝土长期性能和耐久性能试验方法标准》(GB/T 50082)
《混凝土质量控制标准》(GB 50164)
《混凝土结构工程质量验收规范》(GB 50204)
《大体积混凝土施工标准》(GB 50496)
《预防混凝土碱骨料反应技术规范》(GB/T 50733)
《普通混凝土配合比设计规程》(JGJ 55)
《混凝土用水标准》(JGJ 63)
《混凝土中氯离子含量检测技术规程》(JGJ/T 322)
《混凝土用复合掺合料》(JG/T 486)
《公路钢筋混凝土及预应力混凝土桥涵设计规范》(JTG 3362)
《公路工程混凝土结构防腐蚀技术规范》(JTG/T B07-01)
《公路工程集料试验规程》(JTG E42)
《公路桥涵施工技术规范》(JTG/T F50)
《公路工程质量检验评定标准 第一册 土建工程》(JTG F80/1)
《公路工程 水泥混凝土用天然火山灰质材料》(JT/T 993)

标准规范免费阅读

微信公众号

ISBN 978-7-114-15958-9

网上购书/www.jtbook.com.cn

定 价：30.00元